120 BLAGUES DE SCHTROUMPFS

2

LE LOMBARD

Première édition

© PEYO - 2008 - licence Studio Peyo (Genève)
Représenté par :
I.M.P.S. s.a.
Rue du Cerf 85
1332 Genval
Belgique

© EDITIONS DU LOMBARD (Dargaud-Lombard s.a.) 2008
Pour les ouvrages en Français.

D/2008/0086/266
ISBN 978-2-8036-2386-0

Dépôt légal : juillet 2008
Imprimé en Belgique par Qualibris

LES EDITIONS DU LOMBARD
7, AVENUE PAUL-HENRI SPAAK - 1060 BRUXELLES - BELGIQUE

www.schtroumpf.com

...Et il s'est reschtroumpfé bloqué dans un coin, entouré par la peinture fraîche !

HA!HA!HA! Ça, ça n'arrive qu'au Schtroumpf Bêta !

En tout cas, cet idiot ne viendra pas marcher dans notre peinture ! J'ai schtroumpfé la porte à clé !

!

29

Tu entretiens tes plantes, Schtroumpf Bêta ! C'est bien !

Oui, et je n'oublie pas les plantes de l'aquarium !

!

GLOUGLOU GLOU...

187

Quoi ?! J'avais schtroumpfé six petits gâteaux et il n'en reste plus qu'un !

Heu... C'est moi qui ai mangé les autres !

Mais enfin, c'est incroyable, Schtroumpf Gourmand ! Comment fais-tu pour avaler tous ces gâteaux ?

Ben, comme cha ... GLORP!

130

Pour célébrer l'anniversaire de notre cher Grand Schtroumpf, toujours vert pour son âge...

...nous allons vous schtroumpfer un programme spécial "vieux machins"!

© Peyo - 1998 Lic. IMPS (Brussels)

Sale journée, aujourd'hui... Rien que des problèmes, tout qui schtroumpfe de travers...

...Enfin, n'y pensons plus... Hop, au lit !

© Peyo - 1998 Lic. IMPS (Brussels)

4

Pfff ! Je n'y arriverai jamais !

Grand Schtroumpf, vous n'auriez pas un truc pour casser cet œuf ? Il est schtroumpfement dur !

NE PAS DÉRANGER EXPÉRIENCE TRÈS IMPORTANTE EN COURS !!!

Mais quel sale caractère !!

407

Dis, tu ne rentrerais pas chez toi, Schtroumpf Distrait ?

Ah ? Je croyais que c'était toi qui étais chez moi !

480

Je vais schtroumpfer ma spécialité...

Le saut de carpe !

SPLAF

?

563

À quoi schtroumpfes-tu pour le moment, Schtroumpf Peintre ?

Oh, je peins des pommes !

Hmm... Elles ont l'air bonnes ! Je vais en schtroumpfer une !

POUAH ! Elle schtroumpfe la peinture !

Je te l'avais pourtant dit, Schtroumpf Gourmand que je peignais des pommes !

53

Grmbl !

Arrête de toujours râler comme ça, Schtroumpf Grognon, pense plutôt à quelque chose d'agréable, le ciel bleu, le soleil qui brille...

C'est bon, on en reparlera une autre fois !

250

Z

RRRRR
ZZZ
RRRRR

189

Et à part ça, ça schtroumpfe ?

Ça schtroumpfe !

On aurait peut-être dû prévenir les autres que l'on organisait une fête ce soir...

393

Alors, les P'tits Schtroumpfs ... L'école, ça schtroumpfe ?

Oui, Grand Schtroumpf ! Surtout aujourd'hui !

Ah bon ? Et pourquoi spécialement aujourd'hui ?

C'EST LES VACANCES !!

541

Tu es sûr qu'il faut schtroumpfer toutes ces précautions ?

Fais comme si je n'étais pas là, Schtroumpf Maladroit...

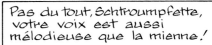

Je ne comprends pas ! Ils sont tous partis ! Je ne chante pourtant pas si mal que ça !?

Pas du tout, Schtroumpfette, votre voix est aussi mélodieuse que la mienne !

BOUHOUHOUUU!

Une très très longue corde ? Bien sûr que j'en ai une...

Mais je l'ai schtroumpfée au Schtroumpf Bûcheron qui est parti dans la forêt pour plusieurs jours ! Il faudra que tu attendes...

Attention, Schtroumpf à Lunettes, je t'envoie quelques vivres...

Je suis un musicien raté, Grand Schtroumpf !

Allons, allons ! Pourquoi schtroumpfes-tu ça ?

Dès que je schtroumpfe dans ma trompette, tout le monde s'enfuit ! Ils ont horreur de m'entendre !

Tu exagères, voyons !

Mange ta soupe, Bébé Schtroumpf !... Sinon, le Schtroumpf Musicien va venir te schtroumpfer de la trompette !

OUUiiiN !

TING

Z Z Z

CHUT !

361

?

216

Schtroumpf Voyageur tu es de retour! Tu ne schtroumpfes rien de changé chez moi ?

?

Vous avez une nouvelle robe ? Ou une nouvelle coiffure ?

Mais non! Je fais un régime!

Tu n'aurais pas dû lui demander si c'était le premier jour!

123

Regarde! Avec ce plan, on peut schtroumpfer un avion!

Ridicule! Ça ne volera jamais!!

On parie? Une bouteille de sirop de framboise!

Tenu!

Bien frais, le sirop!

231

Assez! Ça va, tu as gagné! Je schtroumpfe l'éponge !

Mais ?! Je ne t'ai même pas encore schtroumpfé !

Ne sois pas si modeste! À toi l'honneur de schtroumpfer la finale contre le Schtroumpf Costaud !

?

© Peyo - 2002 Lic. IMPS (Brussels)

496

Schtroumpfette, je voulais vous demander...

AAAH!

Eh bien, quoi ? Tu n'as jamais schtroumpfé un masque de beauté ?

© Peyo - 2000 Lic. IMPS (Brussels)

345

BRAVO!

BRAVO!

BRAVO!

CLAP
CLAP
CLAP
CLAP
CLAP

267

© Peyo - 1998 Lic. IMPS (Brussels)

11

Hmm... Des œufs à la coque ! Je m'en régale d'avance, Schtroumpf Cuisinier !

OUPS !

SPLATCH

371

Bah ! Tu sais, j'aime bien les omelettes aussi !

214

Oh ! Tu t'es schtroumpfé le bras, Schtroumpf Costaud ?

Oui, je suis mal schtroumpfé en m'entraînant au saut en hauteur !

Mais... Tu es blessé aussi, Schtroumpf Paresseux ?

Oui, j'ai schtroumpfé une vilaine chute... Je suis tombé de mon hamac !

J'aimerais bien schtroumpfer comme toi ! Je peux essayer ?

Essaie ! Mais sache que ça demande de longues années d'apprentissage, Schtroumpf...

POC

...Maladroit !?

Pas mal, pour une première fois, non ?

© Peyo - 2000 Lic. IMPS (Brussels)

367

Eh bien, Schtroumpfette, quelque chose ne va pas ?

Le Bébé Schtroumpf a pleuré toute la nuit !

Oh ! Je comprends ! Cela a dû vous schtroumpfer le cœur...

Pas le cœur... Les tympans !

© Peyo - 2003 Lic. IMPS (Brussels)

535

C'est la dernière fois que je me schtroumpfe en gâteau !

Le Schtroumpf Gourmand m'a déjà mordu deux fois !

ce soir
BAL COSTUMÉ

© Peyo - 1998 Lic. IMPS (Brussels)

284

Schtroumpf Paresseux ! Tu n'as encore rien schtroumpfé de la journée !

J'ai rien à faire !

Il y a toujours quelque chose à faire ! Par exemple, un peu de lecture te schtroumpferait l'esprit !

C'est bon, si tu insistes, lis-moi un livre !

© Peyo 1998 - Lic. IMPS (Brussels)

146

14

Eh, Schtroumpf Acteur !

J'aimerais récupérer mon savon !

© Peyo - 2001 Lic. IMPS (Brussels)

411

SCHTROUMPFEZ-VOUS ! TOUT VA SCHTROUMPFER !!

Laboratoire

322

Pff, si ce n'est pas malheureux de devoir schtroumpfer de tels moyens pour finir un roman tranquillement !

© Peyo - 2000 Lic. IMPS (Brussels)

Z   z   Z   z

HA!HA! HA!HA!

?   ?   ?

Ça y est, le Schtroumpf Bêta a enfin compris la blague de ce matin...

Hi! Hi!

© Peyo - 2003 Lic. IMPS (Brussels)

595

15

C'est l'arc du Schtroumpf Costaud! Humpf! Il est schtroumpfement dur à tendre!

Foi de Schtroumpf! J'y arriverai quand même! Gnnnn...

Hé bien, que schtroumpfes-tu dans cet arbre ?

246

Ils vont tous schtroumpfer à la montagne, mais je redoute les avalanches !

Schtroumpf à Lunettes, veux-tu schtroumpfer un rôle important dans l'équipe de secours ?

Bien sûr, Grand Schtroumpf! C'est le moment d'étrenner mes diplômes de secouriste, de bandagiste...

631

Bonjour Schtroumpf Musicien! Tu m'as l'air schtroumpfement joyeux ce matin !

Oui, je vais déménager !

Je vais schtroumpfer dans un plus joli quartier !

Et moi, dans un quartier plus tranquille !

Ah bon ?! Tu déménages aussi ?

Non, je reste !

455

Schtroumpfer la fête ce soir ? Mais nous ne sommes pas un des 300 jours fériés de l'année !

Oui, mais...

Alors je lui ai dit : « Grand Schtroumpf, si l'on ne schtroumpfe la fête que les jours fériés, on va perdre le sens de la fête ! »

SPLASH

Embrassez-moi, Schtroumpfette, que je redevienne le Prince Charmant que j'ai toujours été !

Bêêk !

Bon, puisqu'il le faut...

SMACK

Mais, revenez, Prince !

Hi ! Hi ! Hi !

J'ignorais que tu étais aussi ventriloque, Schtroumpf Farceur !

Ohé, les Schtroumpfs, vous savez que si on se schtroumpfe tous ensemble...

... On peut faire un Schtroumpf **GÉANT** !

84

Moi, je n'aime pas faire la queue !

Schtroumpf Poète, acceptes-tu de prendre pour épouse la Schtroumpfette ici présente ?...

Schtroumpf Poète ?

Ohé !...Schtroumpf Poète !

PLOP

BOUHOUHAAAA...

?

581

Ça alors, où ai-je bien pu la schtroumpfer ?

Hé, Schtroumpf Costaud, tu n'aurais pas vu ma sourdine ?

Je ne vois pas de quoi tu veux parler, Schtroumpf Musicien !

?

397

Vous comprenez, j'ai dit oui pour lui faire plaisir! Et maintenant je ne sais plus comment...

Ne vous inquiétez pas, Schtroumpfette! Je vais arranger ça!

Heu, Schtroumpf Maladroit, je peux te schtroumpfer un mot au sujet de ton numéro de cirque!

?

Ho! Schtroumpf Bêta, comment est-ce qu'on schtroumpfe de l'autre côté?

?

Ben...Heu...Reste là, tu t'y schtroumpfes, de l'autre côté!

Reviens ici, Schtroumpf Gourmand ! Rends-moi mes cerises !!

Tu pourrais au moins attendre que j'aie fini de schtroumpfer ma nature morte !

AïE ! OUILLE !

© Peyo 1998 - Lic. IMPS (Brussels)

95

BISE

© Peyo - 2000 Lic. IMPS (Brussels)

382

C'est très mauvais de porter un poids pareil d'un côté ! Ça me schtroumpfe mal au dos et ça dévie la colonne !

Et comme ça, ça va mieux !?

© Peyo - 2003 Lic. IMPS (Brussels)

592

21

Alors, ils vous plaisent, mes beignets ?

Oh oui, Schtroumpfette !

Ils sont fantastiques. On s'amuse comme des schtroumpfs.

202

© Peyo - 1998 Lic. IMPS (Brussels)

Tu savais que les chats reschtroumpfent toujours sur leurs pattes ?

Euh... Non !?

⁉

BING

605

© Peyo - 2003 Lic. IMPS (Brussels)

Le Schtroumpf à Lunettes, lui, c'est toujours sur la tête...

Zut ! Je n'ai plus de jaune ! Il va falloir que j'aille en reschtroumpfer dans mon atelier !

?

CRUNCH CROC MIAM

BURP !

387

© Peyo - 2000 Lic. IMPS (Brussels)

22

RHAAA !
Pas moyen de déboucher ce lavabo !

PLOP PLOP PLOP PLOP PLOP PLOP

Schtroumpfe-moi ça, je vais te montrer comment on s'y prend !

Ak, bravo ! Merci, Schtroumpf Costaud !

?

644

ALORS, ÇA VIENT ?

Vous croyez que c'est facile de schtroumpfer une pomme de terre avec un si petit couteau ?

551

Bonjour maître, je suis le Génie Schtroumpf! Fais trois voeux, je les schtroumpferai!

?

Ça va, Schtroumpf Farceur, tu ne me schtroumpferas pas cette fois, disparais!

Comme vous voudrez, maître! Adieu!

PROUF

546

Srif!

© Peyo - 2002 Lic. IMPS (Brussels)

© Peyo

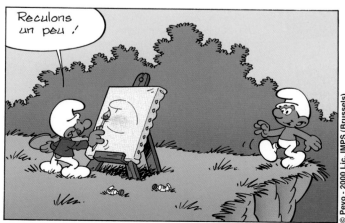

Reculons un peu!

© Peyo - 2000 Lic. IMPS (Brussels)

Hum... Bon! Continuons ce portrait!

335

Voici ma nouvelle invention: le parapluie qui ne se retourne **JAMAIS!**

Tu prétends que je peux schtroumpfer dans cette tempête et qu'il ne se retournera pas ?!?

Parfaitement!

Tu remarqueras qu'il ne s'est toujours pas retourné...

660

Hum... Non!

Bof!

Pas terrible...

Ah, voilà! Tout à fait exquis!

608

AAAH! Une abeille!

Mais non, Schtroumpf Bêta! Je me suis déguisé pour aller chercher du miel!

AAAH! Un frelon!

Mais non, idiot, c'est encore moi! Ça n'a pas schtroumpfé!

518

Alors quoi? Personne ne veut schtroumpfer un petit match de boxe?!

Non merci!

Moi, je veux bien, Schtroumpf Costaud...

Ah! Enfin quelqu'un de...

...courageux...

617

Il y a dans cette œuvre quelque chose qui me plaît beaucoup!

C'est vrai, Schtroumpfette?!

209

28

Ça serait plus schtroumpf de jouer à deux !

375

Pssst, Schtroumpf à Lunettes ! Le Schtroumpf Farceur vient de partir avec toutes mes tartes à la crème !

?

Si j'étais toi, je resterais tranquillement schtroumpfé chez moi à double tour !

571

Ça alors, le Schtroumpf Paresseux qui travaille !

Bravo, Schtroumpf Paresseux, je suis fier de toi ! Continue !

?

C'est la première fois que le Grand Schtroumpf m'encourage à me préparer un lit douillet !

625

Ah! Schtroumpf Paresseux...
Je suis content de te voir
éveillé !

? Schtroumpf Paresseux ?

Z

© Peyo - 2001 Lic. IMPS (Brussels)

440

Vas-y, Schtroumpf Bêta, schtroumpfe-nous ton saut de l'ange !

? Pffft !

FLAP FLAP FLAP FLAP FLAP FLAP

© Peyo - 2003 Lic. IMPS (Brussels)

564

J'aimerais profiter de cette petite fête pour vous schtroumpfer mon dernier poème !

Enfin... Il y a quand même un amateur de belles lettres parmi vous !

Dis, Schtroumpf Poète, si tu as fini, je peux récupérer mon tabouret ?

© Peyo - 1998 Lic. IMPS (Brussels)

245

Qui est encore de corvée pour schtroumpfer les affiches ?...

...Le Schtroumpf Grognon !

Moi, je n'aime pas les affiches !

AUJOURD'HUI, JOURNÉE DE LA BONNE HUMEUR !

Grmbl !

Tiens ? Salut, Schtroumpf Maladroit !

C'est impossible, je rêve ! Le Schtroumpf Musicien joue juste !

Magnifique, mon nouvel instrument, non ? Mais je dois encore l'accorder !!

Ah, voilà ! ça y est !

Je me disais aussi...

Ah? Tu es allé pêcher ?
Oui !

Tu as schtroumpfé quelque chose ?
Oui !

Quoi ? Une anguille ? Un brochet ?
Non, un rhube... Snif !
576

Schtroumpf Costaud, je peux courir avec toi ?
Bien sûr, Schtroumpfette !

Et quand tu as fini ton jogging, combien de gâteaux peux-tu manger sans grossir ?
Moi ? Je ne mange jamais de gâteaux !

MAIS ALORS ? À QUOI ÇA SERT ?
128

428
A-t-on idée de peindre sa clôture en bleu ciel ?
?

Schtroumpfette,
je viens de
schtroumpfer un
nouveau parfum:
"fleurs printanières"!

Mmh!

Délicieux!!
Il va avoir
un succès
fou!

Bon anniversaire,
Schtroumpf
Gourmand!

Et dire que cet
énorme gâteau
est vide! Quelle
tristesse!

?

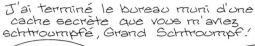

J'ai terminé le bureau muni d'une cache secrète que vous m'aviez schtroumpfé, Grand Schtroumpf!

Merci, Schtroumpf Bricoleur!

Pour l'ouvrir, il suffit de schtroumpfer ici! Tiens, non!

?

Alors, ici? Non!

Là?

Ou là? Non plus!

Que schtroumpferais-tu d'avoir l'eau courante à la maison?

?

Ce serait magnifique! Schtroumpfer l'eau au puits est une corvée schtroumpfante!

Alors, tu vas être content...

Le barrage a une fuite!

!

Schtroumpf Gourmand, tu pourrais manger un peu plus proprement!!

?

Moi?! Mais on schtroumpfe tous des taches quand on mange des spaghettis!

Peut-être, mais pas jusqu'au plafond!!

J'ai envie de schtroumpfer un peu d'équitation !

ENCORE ?!

Allons, soyez mignons !

Aujourd'hui, nous allons schtroumpfer un tour en forêt !

© Peyo - 2002 Lic. IMPS (Brussels)

514

Aïe ! On dirait que la Schtroumpfette n'a pas beaucoup schtroumpfé ta sérénade !

J'ai schtroumpfé une erreur !

Quoi ?! Tout ça pour une petite erreur de solfège ?!?...

Non, de balcon !... J'étais sous celui du Schtroumpf Costaud !

© Peyo - 2001 Lic. IMPS (Brussels)

401

Schtroumpf Pâtissier ...

?

... Pour ton gâteau ...

Il faudra te passer de miel !!

BZZZZZZzz

© Peyo - 1998 Lic. IMPS (Brussels)

154

En tout cas, merci pour ton aide, Schtroumpf à Lunettes !

Grâce à toi, on sait maintenant que l'élastique du saut à l'élaschtroumpf était trop long !

© Peyo - 2000 Lic. IMPS (Brussels)

378

HA ! HA ! Regardez, Grand Schtroumpf ! Les lecteurs sont à l'envers !

?

Qui a imprimé ce gag ?

Le Schtroumpf Bêta, pourquoi ?

SCHTROUMPF BÊTA ! OÙ ES-TU ?!

© Peyo - 2003 Lic. IMPS (Brussels)

628

Regardez ! Le Schtroumpf à Lunettes voyage en jet privé !

Quel frimeur !

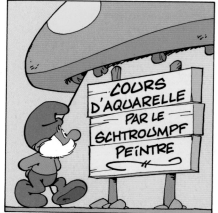

COURS D'AQUARELLE PAR LE SCHTROUMPF PEINTRE

Bien, bien! Il faut schtroumpfer ses compétences aux autres!

INITIATION À LA MENUISERIE SCHTROUMPF BRICOLEUR

258

STAGE DE RONCHONNAGE AVEC LE SCHTROUMPF GROGNON

PAR ICI!

ÎÎÎÎÎÎÎÎÎH! Je n'ai plus rien à me mettre!

Heu!...Merci, Schtroumpf Bricoleur, mais pour schtroumpfer dans l'espace, j'imaginais autre chose...

557

Pour notre parade, j'ai schtroumpfé un grand ballon à votre effigie !

Un ballon ?!

Il est très joli, très ressemblant !

Je suis impatienté de voir ça !

PSCHHH

Alors, qu'en dites-vous ? Renversant, non ?

673

PSCHHHH

© Peyo - 2003 Lic. IMPS (Brussels)

352

GRRR ! Ce n'est vraiment pas facile à schtroumpfer, un Schtroumpf !

© Peyo - 2000 Lic. IMPS (Brussels)

Tout va bien... Je vais enlever le bandage !

Mon pied est guéri ! Mon pied est guéri !

HÉ ! ATTENTION !

BAF

© Peyo - 1998 Lic. IMPS (Brussels)

289

39

Un cadeau ? Pff, je suis sûr qu'il va encore m'exploser à la schtroumpf !

Je te jure que non !

SPLAF

Promesse tenue, il n'a pas explosé !

450

Schtroumpf Bêta, que fais-tu ?

Je protège les poissons de la rivière !

430

Eh, que schtroumpfez-vous de mon costume de chevalier de la...

BAL COSTUMÉ

CLING CLANG CLONG

BRZOM

CRÂÂÂC

...foudre ?...

AL COSTUME

390

Regarde ma dernière invention, Schtroumpf Paresseux !

C'est une échelle articulée... Elle se schtroumpfe dans tous les sens !

GÉNIAL !

© Peyo - 1998 Lic. IMPS (Brussels)

242

GLOU GLOU GLOU

AHAA ! Parfait !

PROUF

© Peyo - 2001 Lic. IMPS (Brussels)

WÂÂÂH, Grand Schtroumpf ! Super, votre déguisement !

BAL COSTUMÉ

472

Bébé Schtroumpf, si tu continues à faire des caprices, je vais te schtroumpfer seul dans ta chambre !

OUIIIN

Vous ne devriez pas faire ça, Schtroumpfette ! Ça peut le traumatiser !

Tu as peut-être raison, Schtroumpf à Lunettes !

© Peyo - 2003 Lic. IMPS (Brussels)

638

Tiens-lui compagnie, ça va le rassurer !

OUIIIN

42

Je n'ai pas été trop longue ?

Il faut que ce pique-nique avec la Schtroumpfette soit un succès !

Est-ce que j'ai tout ? Les assiettes, les couverts ?

La limonade, les gâteaux ?

La nappe ?

L'anti-moustique ?

Oh, zut ! J'ai oublié d'aller chercher la Schtroumpfette !

Fais comme moi, Schtroumpf Grognon... c'est schtroumpfant !

Moi, je n'aime pas faire comme les autres !

!

POC

Tu trouves que c'est plus schtroumpfant comme ça, toi ?

1001
1002
1003
1004...

Comment faites-vous, Schtroumpfette ?

C'est une simple question d'entraînement, Schtroumpf Bêta !

1005
1006
1007
1008...

Ah, bon ?

312

J'ai beau m'entraîner, je n'ai jamais réussi à compter jusqu'à mille !

Et voilà ! J'ai réussi à schtroumpfer tout seul ce château de cartes !

Youpie ! Que l'on ne m'appelle plus jamais le Schtroumpf Maladroit !!

BAM

Allons, ne pleure pas, Schtroumpf Mal... heu... Malhabile...heu...

489

OOUuiiN!

Euh... Après tout, elle a un trop gros nez !

583

Ah! Te voilà, toi!

J'ai retrouvé le double-six!

Ce n'est quand même pas pratique pour schtroumpfer aux dominos!

408

Ah, Schtroumpf Costaud, tu veux schtroumpfer avec moi?

Oh oui!

ET HOP!

BOUF

!?!

Je suppose que tu trouves tout cela assez amusant!?
◎✦米!平

275

TU FUMES, VAURIEN ?

GLOUB

426

WOUF

511

Comment ?! Vous acceptez de schtroumpfer en voyage avec moi ?

Je rêve !!

Bien sûr !

...Et je connais une meeerveilleuse auberge cinq étoiles et patati' patata...

Pourrais-tu schtroumpfer moins vite ? J'ai des haut-le-coeur...

578

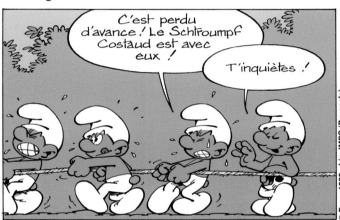

C'est perdu d'avance ! Le Schtroumpf Costaud est avec eux !

T'inquiètes !

Le Schtroumpf Farceur est avec nous !

!

114

Hourra! Une barque à la dérive!

Je suis schtroumpfé !

675

Les nuits sont si fraîches sur cet îlot !

47

BAL COSTUMÉ

582

On perd de l'altitude... Il faut schtroumpfer un poids inutile !

PLOUF

552

Acceptez ce MODESTE cadeau, Schtroumpfette !

Je...euh... HUM ! Oooh merci, Schtroumpf à Lunettes !